»Und wie schön ist noch die Welt«
Frühlingsgedichte

Mit farbigen Fotografien von Isolde Ohlbaum
Herausgegeben von Matthias Reiner

Insel Verlag

Insel-Bücherei Nr. 2007
Sonderausgabe 2017

© Insel Verlag Berlin 2014

»Und wie schön ist noch die Welt«
Frühlingsgedichte

Barthold Hinrich Brockes
Kirschblüte bei der Nacht

Ich sah mit betrachtendem Gemüte
Jüngst einen Kirschbaum, welcher blühte,
In kühler Nacht beim Mondenschein;
Ich glaubt, es könne nichts von größrer Weiße sein.

Es schien, ob wär ein Schnee gefallen.
Ein jeder, auch der kleinste Ast
Trug gleichsam eine rechte Last
Von zierlich-weißen runden Ballen.
Es ist kein Schwan so weiß, da nämlich jedes Blatt,
Indem daselbst des Mondes sanftes Licht
Selbst durch die zarten Blätter bricht,
Sogar den Schatten weiß und sonder Schwärze hat.
Unmöglich, dacht ich, kann auf Erden
Was Weißers angetroffen werden.

Indem ich nun bald hin, bald her
Im Schatten dieses Baumes gehe,
Sah ich von ungefähr
Durch alle Blumen in die Höhe
Und ward noch einen weißern Schein,
Der tausendmal so weiß, der tausendmal so klar,
Fast halb darob erstaunt, gewahr.

Der Blüte Schnee schien schwarz zu sein
Bei diesem weißen Glanz. Es fiel mir ins Gesicht
Von einem hellen Stern ein weißes Licht,
Das mir recht in die Seele strahlte.

Wie sehr ich mich am Irdischen ergetze,
Dacht ich, hat Er dennoch weit größre Schätze.
Die größte Schönheit dieser Erden
Kann mit der himmlischen doch nicht verglichen werden.

Ludwig Christoph Heinrich Hölty
Mailied

Der Anger steht so grün, so grün,
Die blauen Veilchenglocken blühn,
Und Schlüsselblumen drunter,
Der Wiesengrund
Ist schon so bunt
Und färbt sich täglich bunter.

Drum komme, wem der Mai gefällt,
Und freue sich der schönen Welt
Und Gottes Vatergüte,
Die diese Pracht
Hervorgebracht,
Den Baum und seine Blüte.

Johann Wolfgang Goethe
Gefunden

Ich ging im Walde
So für mich hin,
Und nichts zu suchen
Das war mein Sinn.

Im Schatten sah' ich
Ein Blümchen stehn,
Wie Sterne leuchtend,
Wie Äuglein schön.

Ich wollt' es brechen;
Da sagt' es fein:
Soll ich zum Welken
Gebrochen sein?

Ich grub's mit allen
Den Würzlein aus,
Zum Garten trug ich's
Am hübschen Haus.

Und pflanzt es wieder
Am stillen Ort;
Nun zweigt es immer
Und blüht so fort.

Johann Wolfgang Goethe
Frühling übers Jahr

Das Beet, schon lockert
Sichs in die Höh,
Da wanken Glöckchen
So weiß wie Schnee;
Safran entfaltet
Gewaltge Glut,
Smaragden keimt es
Und keimt wie Blut.
Primeln stolzieren
So naseweis,
Schalkhafte Veilchen,
Versteckt mit Fleiß;
Was auch noch alles
Da regt und webt,
Genug, der Frühling,
Er wirkt und lebt.

Doch was im Garten
Am reichsten blüht,
Das ist des Liebchens
Lieblich Gemüt.
Da glühen Blicke
Mir immerfort,
Erregend Liedchen,

Erheiternd Wort;
Ein immer offen,
Ein Blütenherz,
Im Ernste freundlich
Und rein im Scherz.
Wenn Ros und Lilie
Der Sommer bringt,
Er doch vergebens
Mit Liebchen ringt.

Johann Wolfgang Goethe
Mailied

Wie herrlich leuchtet
Mir die Natur!
Wie glänzt die Sonne!
Wie lacht die Flur!

Es dringen Blüten
Aus jedem Zweig
Und tausend Stimmen
Aus dem Gesträuch

Und Freud und Wonne
Aus jeder Brust.
O Erd, o Sonne!
O Glück, o Lust!

O Lieb, o Liebe!
So golden schön,
Wie Morgenwolken
Auf jenen Höhn!

Du segnest herrlich
Das frische Feld,
Im Blütendampfe
Die volle Welt.

O Mädchen, Mädchen,
Wie lieb ich dich!
Wie blickt dein Auge!
Wie liebst du mich!

So liebt die Lerche
Gesang und Luft,
Und Morgenblumen
Den Himmelsduft,

Wie ich dich liebe
Mit warmem Blut,
Die du mir Jugend
Und Freud und Mut

Zu neuen Liedern
Und Tänzen gibst.
Sei ewig glücklich,
Wie du mich liebst!

Johann Wolfgang Goethe
Das Veilchen

Ein Veilchen auf der Wiese stand,
Gebückt in sich und unbekannt;
Es war ein herzig's Veilchen.
Da kam eine junge Schäferin,
Mit leichtem Schritt und munterm Sinn,
Daher, daher,
Die Wiese her, und sang.

Ach! denkt das Veilchen, wär' ich nur
Die schönste Blume der Natur,
Ach, nur ein kleines Weilchen,
Bis mich das Liebchen abgepflückt,
Und an dem Busen matt gedrückt!
Ach nur, ach nur,
Ein Viertelstündchen lang!

Ach! aber ach! das Mädchen kam
Und nicht in Acht das Veilchen nahm,
Ertrat das arme Veilchen.
Es sang und starb und freut sich noch:
Und sterb' ich denn, so sterb' ich doch
Durch sie, durch sie,
Zu ihren Füßen doch.

Friedrich Schiller
Meine Blumen

Schöne Frühlingskinder, lächelt,
Jauchzet, Veilchen auf der Au!
Süßer Balsamatem fächelt
Aus des Kelches Himmelblau.
Schön das Kleid mit Licht gesticket,
Schön hat Flora euch geschmücket
Mit des Busens Perlentau!
Holde Frühlingskinder, weinet!
Seelen hat sie euch verneinet,
Trauert, Blümchen auf der Au!

Nachtigall und Lerche flöten
Minnelieder über euch,
Und in euren Balsambeeten
Gattet sich das Fliegenreich.
Schuf nicht für die süßen Triebe
Euren Kelch zum Thron der Liebe
So wollüstig die Natur?
Sanfte Frühlingskinder, weinet,
Liebe hat sie *euch* verneinet,
Trauert, Blümchen auf der Flur!

Aber wenn, vom Dom umzingelt,
Meine Laura euch zerknickt
Und, in einen Kranz geringelt,
Tränend ihrem Dichter schickt –
Leben, Sprache, Seelen, Herzen
Flügelboten süßer Schmerzen!
Goß euch dies Berühren ein.
Von Dionen angefächelt,
Schöne Frühlingskinder, lächelt,
Jauchzet, Blumen in dem Hain!

Friedrich Hölderlin
Der Frühling

Die Sonne glänzt, es blühen die Gefilde,
Die Tage kommen blütenreich und milde,
Der Abend blüht hinzu, und helle Tage gehen
Vom Himmel abwärts, wo die Tag' entstehen.

Das Jahr erscheint mit seinen Zeiten
Wie eine Pracht, wo Feste sich verbreiten,
Der Menschen Tätigkeit beginnt mit neuem Ziele,
So sind die Zeichen in der Welt, der Wunder viele.

Achim von Arnim
Der Kirschbaum

Der Kirschbaum blüht ich sitze da im Stillen,
Die Blüte sinkt und mag die Lippen füllen
Auch sinkt der Mond schon in der Erde Schoß,
Und schien so munter schien so rot und groß.
Die Sterne blinken zweifelhaft im Blauen,
Und leidens nicht, sie weiter anzuschauen.

Ludwig Uhland
Frühlingsglaube

Die linden Lüfte sind erwacht,
Sie säuseln und weben Tag und Nacht,
Sie schaffen an allen Enden.

O frischer Duft, o neuer Klang!
Nun, armes Herze, sei nicht bang!
Nun muß sich alles, alles wenden.

Die Welt wird schöner mit jedem Tag,
Man weiß nicht, was noch werden mag,
Das Blühen will nicht enden.
Es blüht das fernste, tiefste Tal:
Nun, armes Herz, vergiß der Qual!
Nun muß sich alles, alles wenden.

Joseph von Eichendorff
Frühlingsnacht

Über'n Garten durch die Lüfte
Hört' ich Wandervögel zieh'n,
Das bedeutet Frühlingsdüfte,
Unten fängt's schon an zu blüh'n.

Jauchzen möcht' ich, möchte weinen,
Ist mir's doch, als könnt's nicht sein!
Alte Wunder wieder scheinen
Mit dem Mondesglanz herein.

Und der Mond, die Sterne sagen's
Und in Träumen rauscht's der Hain
Und die Nachtigallen schlagen's:
Sie ist Deine, sie ist Dein!

Joseph von Eichendorff
Frische Fahrt

Laue Luft kommt blau geflossen,
Frühling, Frühling soll es sein!
Waldwärts Hörnerklang geschossen,
Mutger Augen lichter Schein;
Und das Wirren bunt und bunter
Wird ein magisch wilder Fluss,
In die schöne Welt hinunter
Lockt dich dieses Stromes Gruß.

Und ich mag mich nicht bewahren!
Weit von euch treibt mich der Wind,
Auf dem Strome will ich fahren,
Von dem Glanze selig blind!
Tausend Stimmen lockend schlagen,
Hoch Aurora flammend weht,
Fahre zu! Ich mag nicht fragen,
Wo die Fahrt zu Ende geht!

Friedrich Rückert

Das Veilchen ist aufgeblüht,
Aber es duftet nicht,
Der März ist zu kalt und rauh.
Was fehlt dir, o krankes Gemüt?
Es fehlt dir der Freude Licht,
Es fehlt dir des Himmels Tau.
Das Veilchen ist aufgeblüht,
Aber es duftet nicht,
Der März ist zu kalt und rauh.

Friedrich Rückert
Den Gärtnern

Ich zog eine Wind' am Zaune;
Und was sich nicht wollte winden
Von Ranken nach meiner Laune,
Begann ich denn anzubinden,
Und dachte, für meine Mühen
Sollt es nun fröhlich blühen.
Doch bald hab ich gefunden,
Dass ich umsonst mich mühte;
Nicht, was ich angebunden,
War was am schönsten blühte,
Sondern was ich ließ ranken
Nach seinen eignen Gedanken.

August von Platen
Die Tulpe

Andre mögen andre loben,
Mir behagt dein reich Gewand,
Durch sein eigen Lied erhoben
Pflückt dich eines Dichters Hand.

In des Regenbogens sieben
Farben wardst du eingeweiht,
Und wir sehen, was wir lieben,
An dir zu derselben Zeit.

Als mit ihrem Zauberstabe
Flora dich entstehen ließ,
Einte sie des Duftes Gabe
Deinem hellen, bunten Vlies.

Doch die Blumen all, die frohen,
Standen nun voll Kummers da,
Als die Erde deinen hohen
Doppelzauber werden sah.

»Göttin! o zerstör uns wieder,
Denn wer blickt uns nur noch an?«
Sprach's die Rose, sprach's der Flieder,
Sprach's der niedre Thymian.

Flora kam, um auszusaugen
Deinen Blättern ihren Duft:
Du erfreust, sie sagt's, die Augen,
Sie erfreun die trunkne Luft.

Heinrich Heine

Herz, mein Herz, sei nicht beklommen,
Und ertrage dein Geschick,
Neuer Frühling gibt zurück,
Was der Winter dir genommen.

Und wie viel ist dir geblieben!
Und wie schön ist noch die Welt!
Und, mein Herz, was dir gefällt,
Alles, alles darfst du lieben!

Heinrich Heine
Im wunderschönen Monat Mai

Im wunderschönen Monat Mai,
Als alle Knospen sprangen,
Da ist in meinem Herzen
Die Liebe aufgegangen.

Im wunderschönen Monat Mai,
Als alle Vögel sangen,
Da hab ich ihr gestanden
Mein Sehnen und Verlangen.

Heinrich Heine

Leise zieht durch mein Gemüt
Liebliches Geläute.
Klinge, kleines Frühlingslied,
Kling hinaus ins Weite.

Kling hinaus, bis an das Haus,
Wo die Blumen sprießen.
Wenn du eine Rose schaust,
Sag, ich lass sie grüßen.

Annette von Droste-Hülshoff
Vergißmeinnicht

Ein Blümchen ist so wunderschön,
Gelobt von allen, die es sehn,
Es ist das Blümchen, welches spricht:
Vergißmeinnicht.
Dies Blümchen hab ich oft gepflückt,
Die Farbe hat mich stets entzückt,
Weil jedesmal sie zu mir spricht:
Vergißmeinnicht.

August Heinrich Hoffmann von Fallersleben
Maiglöckchen

Maiglöckchen läutet in dem Tal,
das klingt so hell und fein,
so kommt zum Reigen allzumal,
ihr lieben Blümelein!

Die Blümchen, blau und gelb und weiß
Sie kommen all herbei,
Vermißmeinnicht und Ehrenpreis
und Veilchen sind dabei.

Maiglöckchen spielt zum Tanz im Nu
und alle tanzen dann.
Der Mond sieht ihnen freundlich zu,
hat seine Freude dran.

Den Junker Reif verdroß das sehr,
Er kommt ins Tal hinein;
Maiglöckchen spielt zum Tanz nicht mehr.
Fort sind die Blümelein.

Doch kaum der Rief das Tal verläßt,
da rufet wieder schnell
Maiglöckchen auf zum Frühlingsfest
und leuchtet doppelt hell.

Nun hält's auch mich nicht mehr zu Haus
Maiglöckchen ruft auch mich.
Die Blümchen gehn zum Tanze aus,
zum Tanzen geh auch ich!

Nikolaus Lenau
Primula veris

Liebliche Blume,
Bist du so früh schon
Wiedergekommen?
Sei mir gegrüßet,
Primula veris!

Leiser denn alle
Blumen der Wiese
Hast du geschlummert,
Liebliche Blume,
Primula veris!

Dir nur vernehmbar
Lockte das erste
Sanfte Geflüster
Weckenden Frühlings,
Primula veris!

Liebliche Blume,
Primula veris!
Holde, dich nenn' ich
Blume des Glaubens.

Gläubig dem ersten
Winke des Himmels
Eilst du entgegen,
Öffnest die Brust ihm.

Frühling ist kommen,
Mögen ihn Fröste,
Trübende Nebel
Wieder verhüllen;

Blume, du glaubst es,
Daß der ersehnte
Göttliche Frühling
Endlich gekommen,

Öffnest die Brust ihm;
Aber es dringen
Lauernde Fröste
Tödlich ins Herz dir.

Mag es verwelken!
Ging doch der Blume
Gläubige Seele
Nimmer verloren!

Nikolaus Lenau
Frühling

Die warme Luft, der Sonnenstrahl
Erquickt mein Herz, erfüllt das Tal.
O Gott! wie deine Schritte tönen!
In tiefer Lust die Wälder stöhnen;
Die hochgeschwellten Bäche fallen
Durch Blumen hin mit trunknem Lallen;
Sein bräutlich Lied der Vogel singt,
Die Knosp in Wonne still zerspringt;
Und drüber goldner Wolken Flug:
Die Liebe ist in vollem Zug.
An jeder Stelle möcht ich liegen,
Mit jedem Vogel möcht ich fliegen,
Ich möchte fort und möchte bleiben,
Es fesselt mich und will mich treiben.
O Lenz, du holder Widerspruch:
Ersehnte Ruh und Friedensbruch,
So heimatlich und ruhebringend,
So fremd, in alle Ferne dringend.
Das Frühlingsleuchten, treu und klar,
Erscheint dem Herzen wunderbar,
Ein stehngebliebner Freudenblitz,
In Gottes Herz ein offner Ritz;
Und wieder im Vorübersprung
Ein Himmel auf der Wanderung;

Ein irrer Geist, der weilend flieht
Und bang das Herz von hinnen zieht.
Ich wandle irr, dem Himmel nach,
Der rauschend auf mich niederbrach;
O Frühling! trunken bin ich dein!
O Frühling! ewig bist du mein!

Eduard Mörike
Er ist's

Frühling läßt sein blaues Band
Wieder flattern durch die Lüfte;
Süße, wohlbekannte Düfte
Streifen ahnungsvoll das Land.

Veilchen träumen schon,
Wollen balde kommen.
– Horch, von fern ein leiser Harfenton!
Frühling, ja du bist's!
Dich hab ich vernommen!

Friedrich Hebbel
Blume und Duft

In Frühlings Heiligtume,
Wenn dir ein Duft ans Tiefste rührt,
Da suche nicht die Blume,
Der ihn ein Hauch entführt!

Der Duft läßt Ewges ahnen,
Von unbegrenztem Leben voll;
Die Blume kann nur mahnen,
Wie schnell sie welken soll.

Theodor Storm
Mai

Die Kinder schreien »Vivat hoch!«
In die blaue Luft hinein;
Den Frühling setzen sie auf den Thron,
Der soll ihr König sein.

Die Kinder haben die Veilchen gepflückt,
All, all, die da blühten am Mühlengraben.
Der Lenz ist da; sie wollen ihn fest
In ihren kleinen Fäusten haben.

Theodor Storm
Hyazinthen

Fern hallt Musik; doch hier ist stille Nacht,
Mit Schlummerduft anhauchen mich die Pflanzen,
Ich habe immer, immer dein gedacht;
Ich möchte schlafen; aber du mußt tanzen.

Es hört nicht auf, es rast ohn Unterlaß;
Die Kerzen brennen, und die Geigen schreien,
Es teilen und es schließen sich die Reihen,
Und alle glühen, aber du bist blaß.

Und du mußt tanzen; fremde Arme schmiegen
Sich an dein Herz; o leide nicht Gewalt!
Ich seh dein weißes Kleid vorüberfliegen
Und deine leichte, zärtliche Gestalt. –

Und süßer strömend quillt der Duft der Nacht
Und träumerischer aus dem Kelch der Pflanzen.
Ich habe immer, immer dein gedacht;
Ich möchte schlafen, aber du mußt tanzen.

Richard Dehmel
Frühlingsahnung

Die Felder liegen weiß;
wohin ich schau'
ins fahle Nebelgrau,
scheint Schnee und Eis.
Doch da – ein Sonnenstrahl
bricht durch den Flor
und zieht den Blick empor
mit einem Mal,
und von der Erden
ringt jung ein Duft
sich durch die Luft: –
will's Frühling werden?

Stefan George
Gartenfrühlinge

Schimmer aus lichtgoldnem blatte
Treibt aus dem waldigen finster ..
Dass die bescheidene ginster
Ruhe der trauer beschatte!

Nah in den gärten duften die mandeln
Dort sah ich augen voll glut und traum
Ich will die gärten wieder durchwandeln
Hände baden im blumigen flaum.

Seltnerer vögel gefieder
Büsche in zierlichen kegeln!
Trunkene falter segeln
Reicher ertönen dort lieder.

Kostbarer wie sie die quelle verstreut
Schmächtigem springbrunn funken entstieben ..
Werden sie leuchten leuchten mir heut?
Werd ich die süssen traum-augen lieben?

Else Lasker-Schüler
Maienregen

Du hast deine warme Seele
Um mein verwittertes Herz geschlungen,
Und all seine dunklen Töne
Sind wie ferne Donner verklungen.

Aber es kann nicht mehr jauchzen
Mit seiner wilden Wunde,
Und wunschlos in deinem Arme
Liegt mein Mund auf deinem Munde.

Und ich höre dich leise weinen,
Und es ist – die Nacht bewegt sich kaum –
Als fiele ein Maienregen
Auf meinen greisen Traum.

Christian Morgenstern
Von den heimlichen Rosen

Oh, wer um alle Rosen wüßte,
die rings in stillen Gärten stehn –
oh, wer um alle wüßte, müßte
wie im Rausch durchs Leben gehn.

Du brichst hinein mit rauhen Sinnen,
als wie ein Wind in einen Wald –
und wie ein Duft wehst du von hinnen,
dir selbst verwandelte Gestalt.

Oh, wer um alle Rosen wüßte,
die rings in stillen Gärten stehn –
oh, wer um alle wüßte, müßte
wie im Rausch durchs Leben gehn.

Christian Morgenstern

Butterblumengelbe Wiesen,
sauerampferrot getönt, –
o du überreiches Sprießen,
wie das Aug dich nie gewöhnt!

Wohlgesangdurchschwellte Bäume,
wunderblütenschneebereift –
ja, fürwahr, ihr zeigt uns Träume,
wie die Brust sie kaum begreift.

Hugo von Hofmannsthal
Vorfrühling

Es läuft der Frühlingswind
Durch kahle Alleen,
Seltsame Dinge sind
In seinem Wehn.

Er hat sich gewiegt,
Wo Weinen war,
Und hat sich geschmiegt
In zerrüttetes Haar.

Er schüttelte nieder
Akazienblüten
Und kühlte die Glieder,
Die atmend glühten.

Lippen im Lachen
Hat er berührt,
Die weichen und wachen
Fluren durchspürt.

Er glitt durch die Flöte
Als schluchzender Schrei,
An dämmernder Röte
Flog er vorbei.

Er flog mit Schweigen
Durch flüsternde Zimmer
Und löschte im Neigen
Der Ampel Schimmer.

Es läuft der Frühlingswind
Durch kahle Alleen,
Seltsame Dinge sind
In seinem Wehn.

Durch die glatten
Kahlen Alleen
Treibt sein Wehn
Blasse Schatten.

Und den Duft,
Den er gebracht,
Von wo er gekommen
Seit gestern nacht.

Rainer Maria Rilke

Frühling ist wiedergekommen. Die Erde
ist wie ein Kind, das Gedichte weiß;
viele, o viele …. Für die Beschwerde
langen Lernens bekommt sie den Preis.

Streng war ihr Lehrer. Wir mochten das Weiße
an dem Barte des alten Manns.
Nun, wie das Grüne, das Blaue heiße,
dürfen wir fragen: sie kanns, sie kanns!

Erde, die frei hat, du glückliche, spiele
nun mit den Kindern. Wir wollen dich fangen,
fröhliche Erde. Dem Frohsten gelingts.

O, was der Lehrer sie lehrte, das Viele,
und was gedruckt steht in Wurzeln und langen
schwierigen Stämmen: sie singts, sie singts!

Rainer Maria Rilke
Vorfrühling

Härte schwand. Auf einmal legt sich Schonung
an der Wiesen aufgedecktes Grau.
Kleine Wasser ändern die Betonung.
Zärtlichkeiten, ungenau,

greifen nach der Erde aus dem Raum.
Wege gehen weit ins Land und zeigens.
Unvermutet siehst du seines Steigens
Ausdruck in dem leeren Baum.

Rainer Maria Rilke

Rose, oh reiner Widerspruch, Lust,
Niemandes Schlaf zu sein unter soviel
Lidern.

Hermann Hesse
Der Duft der Narzissen

ist herb im Grund und dennoch zart,
wenn er mit Erdgeruch gepaart,
vom lauen Mittagswind gefaßt,
durch's Fenster kommt als stiller Gast.

Ich habe drüber nachgedacht –
das ist's, was ihn so köstlich macht:
daß er der Erstling jedes Jahr
im Garten meiner Mutter war.

Hermann Hesse
Die ersten Blumen

Neben dem Bach
Den roten Weiden nach
Haben in diesen Tagen
Gelbe Blumen viel
Ihre Goldaugen aufgeschlagen.
Und mir, der längst aus der Unschuld fiel,
Rührt sich Erinnerung im Grunde
An meines Lebens goldene Morgenstunde
Und sieht mich hell aus Blumenaugen an.
Ich wollte Blumen brechen gehn;
Nun laß ich sie alle stehn
Und gehe heim, ein alter Mann.

Georg Trakl
Ein Frühlingsabend

Ein Strauch voll Larven; Abendföhn im März;
Ein toller Hund läuft durch ein ödes Feld
Durchs braune Dorf des Priesters Glocke schellt;
Ein kahler Baum krümmt sich in schwarzem Schmerz.

Im Schatten alter Dächer blutet Mais;
O Süße, die der Spatzen Hunger stillt.
Durch das vergilbte Rohr bricht scheu ein Wild.
O Einsamstehn vor Wassern still und weiß.

Unsäglich ragt des Nußbaums Traumgestalt.
Den Freund erfreut der Knaben bäurisch Spiel.
Verfallene Hütten, abgelebt' Gefühl;
Die Wolken wandern tief und schwarz geballt.

Georg Heym
Laubenfest

Schon hängen die Lampions wie bunte Trauben
An langen Schnüren über kleinen Beeten,
Den grünen Zäunen, und von den Staketen
Der hohen Bohnen leuchtend in die Lauben.

Gesumm von Stimmen auf den schmalen Wegen.
Musik von Trommeln und von Blechtrompeten.
Es steigen auf die ersten der Raketen,
Und platzen oben in den Silberregen.

Um einen Maibaum dreht sich Paar um Paar
Zu eines Geigers hölzernem Gestreich,
Um den mit Ehrfurcht steht die Kinderschar.

Im blauen Abend steht Gewölke weit,
Delphinen mit den rosa Flossen gleich,
Die schlafen in der Meere Einsamkeit.

Peter Huchel
Holunder

Unter der Holunderhöhle
schliefen wir den Frühling lang,
laubkühl eine kleine Kehle
heilig uns zu Häupten sang.

In der ginsterdichten Stille
lagen wir am Wiesenhang,
nur das Dengeln einer Grille
grasig deinen Seufzer schwang.

Blätterstark im Niederwehen
der Holunder uns umschlang,
daß es deine nackten Zehen
feucht und wiesiger durchdrang.

Und der Strauch kam auf uns nieder,
daß der Halm am Boden klang,
schlug um uns das Laubgefieder,
saß in unserm Schlaf und sang.

Unter jungen Haselnüssen
schliefen wir den Frühling lang,
naß von Tau und naß von Küssen
wärmte uns der Mond am Hang.

Mascha Kaléko
Nennen wir es »Frühlingslied«

In das Dunkel dieser alten, kalten
Tage fällt das erste Sonnenlicht.
Und mein dummes Herz blüht auf, als wüßt es nicht:
Auch der schönste Frühling kann nicht halten,
Was der werdende April verspricht.

Da, die Amseln üben schon im Chor,
Aus der Nacht erwacht die Welt zum Leben,
Pans vergessenen Flötenton im Ohr …
Veilchen tun, als hätt' es nie zuvor
Laue Luft und blauen Duft gegeben.

Die Kastanien zünden feierlich
Ihre weißen Kerzen an. Der Flieder
Bringt die totgesagten Jahre wieder,
Und es ist, als reimten alle Lieder
Sich wie damals auf »Ich liebe dich«.

– Sag mir nicht, das sei nur Schall und Rauch!
Denn wer glaubt, der forscht nicht nach Beweisen.
Willig füg ich mich dem alten Brauch,
Ist der Zug der Zeit auch am Entgleisen –
Und wie einst, in diesem Frühjahr auch
Geht mein wintermüdes Herz auf Reisen.

Karl Krolow
Violette Tulpen

Die violetten Tulpen
Im schlanken Vasenglas!
Du läßt die Arme sinken
Und horchst auf irgendwas.

Die Blumenkelche dunkel
Und hell der Vasenrand.
Die Zimmerstille lastet
Auf Auge, Mund und Hand.

Vorm Fenster summt der Mittag,
Dringt in die Kammer ein,
Leicht auf Kohlweißlingsflügeln,
Mit Mauerseglerschrei'n.

Die Blütenblätter wehen
Vergänglich untern Tisch.
Der Abend kommt, und Kühle
Geht durch die Räume frisch.

Paul Celan
Tulpen

Tulpen, ein leuchtend Gestirn
von Schwermut und süßer Gewalt,
ließ ich, dein Herz zu entwirrn:
findet dein Leben sie bald?

Was in den Kelchen geheim
ein Staubblatt mit Schimmer befiel,
schwört den unsäglichen Reim
für deinen wehen Gespiel.

Sind es die Tulpen heut, sieh,
die herrschen im Dämmergemach:
hegst du ein Dunkel noch, wie
einst, als ich Rotdorn dir brach?

Ingeborg Bachmann
Sterne im März

Noch ist die Aussaat weit. Auf treten
Vorfelder im Regen und Sterne im März.
In die Formel unfruchtbarer Gedanken
fügt sich das Universum nach dem Beispiel
des Lichts, das nicht an den Schnee rührt.

Unter dem Schnee wird auch Staub sein
und, was nicht zerfiel, des Staubes
spätere Nahrung. O Wind, der anhebt!
Wieder reißen Pflüge das Dunkel auf.
Die Tage wollen länger werden.

An langen Tagen sät man uns ungefragt
in jene krummen und geraden Linien,
und Sterne treten ab. Auf den Feldern
gedeihen oder verderben wir wahllos,
gefügig dem Regen und zuletzt auch dem Licht.

Textnachweise

Achim von Arnim, Der Kirschbaum, S. 24. Aus: Achim von Arnim, Werke in drei Bänden, hg. v. Alfred Schier, Insel-Verlag, Leipzig 1911.

Ingeborg Bachmann, Sterne im März, S. 81. Aus: Ingeborg Bachmann, Werke, hg. v. Christine Koschel, Inge von Weidenbaum und Clemens Münster, Bd. 1, Gedichte © 1978, Piper Verlag GmbH, München.

Barthold Hinrich Brockes, Kirschblüte bei der Nacht, S. 7. Aus: Deutsche Gedichte, hg. v. Hans-Joachim Simm, Insel Verlag Frankfurt am Main und Leipzig 2009.

Paul Celan, Tulpen, S. 80. Aus: Paul Celan, Historisch-kritische Ausgabe, Bd. 1: Frühe Gedichte, hg. v. Andreas Lohr u. a., Suhrkamp Verlag Frankfurt am Main 2003.

Richard Dehmel, Frühlingsahnung, S. 56. Aus: Richard Dehmel, Gedichte, hg. v. Jürgen Viering, Verlag Philip Reclam jun., Ditzingen 1990.

Annette von Droste-Hülshoff, Vergißmeinnicht, S. 40. Aus: Annette von Droste-Hülshoff, Sämtliche Gedichte, hg. v. Karl Schulte Kemminghausen, Insel Verlag Frankfurt am Main und Leipzig 1998.

Joseph von Eichendorff, Frühlingsnacht, S. 26, Frische Fahrt, S. 28. Aus: Joseph von Eichendorff, Sämtliche Gedichte und Versepen, hg. v. Hartwig Schultz, Insel Verlag Frankfurt am Main und Leipzig 2001.

Stefan George, Gartenfrühlinge, S. 57. Aus: Stefan George, Werke in vier Bänden, Bd. 1, hg. v. Robert Boehringer, Deutscher Taschenbuch Verlag, München 1983.

Johann Wolfgang Goethe, Gefunden, S. 11, Das Veilchen, S. 19, Frühling übers Jahr, S. 12, Mailied, S. 16. Aus: Johann Wolfgang Goethe, Sämtliche Werke, Bd. 2: Gedichte 1800-1832, hg. v. Karl Eibl, Deutscher Klassiker Verlag Frankfurt am Main 1988.

Friedrich Hebbel, Blume und Duft, S. 52. Aus: Friedrich Hebbel, Ziel und Grund. Gedichte, Auswahl von Alfred Gerz, Rütten & Loening, Potsdam o. J.

Heinrich Heine, Herz, mein Herz, S. 36, Im wunderschönen Monat Mai, S. 37, Leise zieht durch mein Gemüt, S. 38. Aus: Heinrich Heine, Sämtliche Gedichte in zeitlicher Folge, hg. v. Klaus Briegleb, Insel Verlag Frankfurt am Main und Leipzig 1993.

Hermann Hesse, Der Duft der Narzissen, S. 71, Die ersten Blumen, S. 72. Aus: Hermann Hesse, Freude am Garten, hg. v. Volker Michels, Insel Verlag Frankfurt und Leipzig 1992.

Georg Heym, Laubenfest, S. 75. Aus: Georg Heym, Dichtungen, hg. v. Walter Schmähling, Reclam, Ditzingen 1964.

Friedrich Hölderlin, Der Frühling, S. 22. Aus: Friedrich Hölderlin, Sämtliche Gedichte und Hyperion, hg. v. Jochen Schmidt, Insel Verlag Frankfurt am Main und Leipzig 1999.

Ludwig Christoph Hölty, Mailied, S. 9. Aus: Ludwig Christoph Heinrich Hölty, Gedichte nebst Briefen des Dichters, hg. v. Karl Halm, Brockhaus, Leipzig 1869.

August Heinrich Hoffmann von Fallersleben, Maiglöckchen, S. 41. Aus: August Heinrich Hoffmann von Fallersleben, Deutsche Gedichte, Deutsche Lieder, hg. v. Hans-Jürgen Kothe, Knoth, Melle 1989.

Hugo von Hofmannsthal, Vorfrühling, S. 64. Aus: Hugo von Hofmannsthal, Gedichte, hg. v. Mathias Mayer, Verlag Philip Reclam jun., Ditzingen 2000.

Peter Huchel, Holunder, S. 76. Aus: Peter Huchel, Gesammelte Werke in zwei Bänden, Bd. 1: Die Gedichte, hg. v. Axel Vieregg, Suhrkamp Verlag Frankfurt am Main 1984.

Mascha Kaléko, Nennen wir es »Frühlingslied«, S. 77. Aus: Mascha Kaléko, In meinen Träumen läutet es Sturm, hg. v. Gisela Zoch-Westphal, © 1977 dtv Verlagsgesellschaft, München.

Karl Krolow, Violette Tulpen, S. 78. Aus: Karl Krolow, Auf Erden. Frühe Gedichte, Suhrkamp Verlag Frankfurt am Main 1989.

Else Lasker-Schüler, Maienregen, S. 59. Aus: Else Lasker-Schüler, Gesammelte Werke, Bd. 1, hg. v. Friederike Kemp, Suhrkamp Verlag Frankfurt am Main 1997.

Nikolaus Lenau, Primula veris, S. 44, Frühling, S. 48. Aus: Nikolaus Lenau, Gedichte. Ausgewählt und mit einem Nachwort von Hansgeorg Schmidt-Bergmann, Insel Verlag Frankfurt am Main und Leipzig 1998.

Eduard Mörike, Er ist's, S. 51. Aus: Eduard Mörike, Gedichte in einem Band, hg. v. Bernhard Zeller, Insel Verlag Frankfurt am Main und Leipzig 2001.

Christian Morgenstern, Von den heimlichen Rosen, S. 60, Butterblumengelbe Wiesen, S. 61. Aus: Christian Morgenstern, Gedichte in einem Band, hg. v. Reinhardt Habel, Insel Verlag Frankfurt am Main und Leipzig 2003.

August von Platen, Die Tulpe, S. 33. Aus: August von Platen, Gedichte, Auswahl und Nachwort von Heinrich Henel, Reclam, Ditzingen 1968.

Rainer Maria Rilke, Frühling ist wiedergekommen, S. 67, Vorfrühling, S. 68, Rose, oh reiner Wiederspruch, S. 69. Aus: Rainer Maria Rilke, Werke, Bd. 2: Gedichte 1910-1926, hg. v. Manfred Engel und Ulrich Fülleborn, Insel Verlag Frankfurt und Leipzig 1996.

Friedrich Rückert, Das Veilchen ist aufgeblüht, S. 29. Aus: Friedrich Rückert, Kindertodtenlieder, hg. v. Hans Wollschläger, Insel Verlag Frankfurt am Main und Leipzig 1993.

Friedrich Rückert, Den Gärtnern, S. 32. Aus: Friedrich Rückert, Poetische Werke in zwölf Bänden, Bd. 2, Sauerländer, Frankfurt 1868.

Friedrich Schiller, Meine Blumen, S. 20. Aus: Friedrich Schiller, Sämtliche Gedichte und Balladen, hg. v. Georg Kurcheidt, Insel Verlag Frankfurt am Main und Leipzig 2005.

Theodor Storm, Mai, S. 53, Hyazinthen, S. 54. Aus: Theodor Storm, Sämtliche Werke in vier Bänden, Bd. 1: Gedicht, Novellen 1848-1867, hg. v. Dieter Lohmeier, Deutscher Klassiker Verlag Frankfurt am Main 1997.

Georg Trakl, Ein Frühlingsabend, S. 73. Aus: Georg Trakl, Dichtungen und Briefe, hg. v. Walther Killy und Hans Szklnar, Müller, Salzburg 1987.

Ludwig Uhland, Frühlingsglaube, S. 25. Aus: Ludwig Uhland, Werke, Bd. 1: Gedichte. Prosa. Dramen, Insel Verlag Frankfurt am Main 1983.

Inhalt

Barthold Hinrich Brockes, *Kirschblüte bei der Nacht* ... 7

Ludwig Christoph Heinrich Hölty, *Mailied* ... 9

Johann Wolfgang Goethe, *Gefunden* ... 11

Johann Wolfgang Goethe, *Frühling übers Jahr* ... 12

Johann Wolfgang Goethe, *Mailied* ... 16

Johann Wolfgang Goethe, *Das Veilchen* ... 19

Friedrich Schiller, *Meine Blumen* ... 20

Friedrich Hölderlin, *Der Frühling* ... 22

Achim von Arnim, *Der Kirschbaum* ... 24

Ludwig Uhland, *Frühlingsglaube* ... 25

Joseph von Eichendorff, *Frühlingsnacht* ... 26

Joseph von Eichendorff, *Frische Fahrt* ... 28

Friedrich Rückert, *Das Veilchen ist aufgeblüht* ... 29

Friedrich Rückert, *Den Gärtnern* ... 32

August von Platen, *Die Tulpe* ... 33

Heinrich Heine, *Herz, mein Herz* ... 36

Heinrich Heine, *Im wunderschönen Monat Mai* ... 37

Heinrich Heine, *Leise zieht durch mein Gemüt* ... 38

Annette von Droste-Hülshoff, *Vergißmeinnicht* ... 40

August Heinrich Hoffmann von Fallersleben,
Maiglöckchen ... 41

Nikolaus Lenau, *Primula veris* ... 44

Nikolaus Lenau, *Frühling* ... 48

Eduard Mörike, *Er ist's* ... 51

Friedrich Hebbel, *Blume und Duft* ... 52

Theodor Storm, *Mai* ... 53

Theodor Storm, *Hyazinthen* ... 54

Richard Dehmel, *Frühlingsahnung* ... 56

Stefan George, *Gartenfrühlinge* ... 57

Else Lasker-Schüler, *Maienregen* ... 59

Christian Morgenstern, *Von den heimlichen Rosen* ... 60

Christian Morgenstern, *Butterblumengelbe Wiesen* ... 61

Hugo von Hofmannsthal, *Vorfrühling* ... 64

Rainer Maria Rilke, *Frühling ist wiedergekommen* ... 67

Rainer Maria Rilke, *Vorfrühling* ... 68

Rainer Maria Rilke, *Rose, oh reiner Widerspruch* ... 69

Hermann Hesse, *Der Duft der Narzissen* ... 71

Hermann Hesse, *Die ersten Blumen* ... 72

Georg Trakl, *Ein Frühlingsabend* ... 73

Georg Heym, *Laubenfest* … 75

Peter Huchel, *Holunder* … 76

Mascha Kaléko, *Nennen wir es »Frühlingslied«* … 77

Karl Krolow, *Violette Tulpen* … 78

Paul Celan, *Tulpen* … 80

Ingeborg Bachmann, *Sterne im März* … 81

Textnachweise … 83

2. Auflage 2019. © Insel Verlag Berlin 2014. Alle Rechte vorbehalten, insbesondere das der Übersetzung, des öffentlichen Vortrags sowie der Übertragung durch Rundfunk und Fernsehen, auch einzelner Teile. Kein Teil des Werks darf in irgendeiner Form (durch Fotografie, Mikrofilm oder andere Verfahren) ohne schriftliche Genehmigung des Verlages reproduziert oder unter Verwendung elektronischer Systeme verarbeitet, vervielfältigt oder verbreitet werden. Bezugspapier und Fotografien: © Isolde Ohlbaum, München. Gesetzt in der Schrift Garamond. Gedruckt auf holzfreies, alterungsbeständiges mattgestrichenes Papier der Firma Papier Union, Hamburg, von der Memminger MedienCentrum AG. Gebunden in Fadenheftung von der Conzella Verlagsbuchbinderei GmbH & Co KG, Aschheim-Dornach. Printed in Germany. Erste Auflage dieser Ausgabe Insel Verlag 2016.
ISBN 978-3-458-17710-4